*Blumen sind die
Liebesgedanken
der Natur.*

Bettina von Arnim

Monika Reiter-Zinnau

# Blumen
# in Acryl

Wenn Sie neue Anleitungen für die unzähligen Blumenmotive suchen, die uns durch das Jahr begleiten, dann werden Sie in diesem Buch garantiert fündig. Passend zum modernen Wohnambiente zeige ich Ihnen beliebte und immer wieder neu in Szene gesetzte Blüten in verschiedenen, überraschend einfachen Techniken. Und durch die beiliegenden Skizzen können Sie sogar scheinbar kompliziert wirkende Blüten ganz leicht nachvollziehen. Probieren Sie es einfach mal aus!

Blumige Malstunden wünscht Ihnen

*Monika Reiter*

# Grundlagen

### Acrylfarben

In meinem Studio finden sich eine Vielzahl verschiedener Acrylfarben. Vermutlich haben auch Sie bereits eine kleine Sammlung. Vergleichen Sie Ihre Farben einfach mit den von mir angegebenen Farben, so müssen Sie nicht alle Farben neu besorgen. Acrylfarben gibt es von flüssig bis pastos. Als Faustregel gilt: Teurere Qualitäten enthalten bessere Pigmente, haben eine höhere Leuchtkraft und sind auch ergiebiger. Hier sehen Sie die Farben, die Sie für die Blumenmalerei am meisten brauchen:

Rot und Grün sind Komplementärfarben und heben sich in einem Braungrau auf. Mit Rot lässt sich Grün brechen und umgekehrt.

Mischen Sie zu Weiß einer andere Farbe zu, dann ergeben sich Pastelltöne wie z. B. Rosa.

Für Acrylbilder kaufe ich oft fertige Farbtöne. So vermeide ich es, dass die Farben bereits beim Mischen anfangen, trocken zu werden.

Farben in Kunststofftuben sind sehr ökonomisch. Dagegen halten Farben in Metalltuben am längsten.

Kaufen Sie keine zu großen Gebinde. Sie trocknen häufig bis zum nächsten Gebrauch ein oder verklumpen.

Schwarz oder Paynesgrau verändern eine Farbe zu einem kalten Ton. So entstehen Schattentöne.

Gelb verändert Rot zu einem warmen Orange, Grün zu einem warmen Grünton.

### Keilrahmen

Alle Blumenmotive in diesem Band werden auf fertige Keilrahmen gemalt. Sie können natürlich Ihre Rahmen auch selbst bespannen, doch das lohnt sich für die Acrylmalerei nur selten. Eine interessante Variante stellen die mit Transparentlack grundierten Rohleinwände dar, die auch hier verwendet werden.

### Auskeilen

Den Namen hat der Keilrahmen von den Keilen, die jeweils mitgeliefert werden. Diese steckt man in die dafür vorgesehenen Schlitze hinten am Rahmen. Die längste Keilseite soll dabei an der Holzleiste anliegen. Es kann nach einiger Zeit oder durch übermäßige Beanspruchung beim Malen passieren, dass das Maltuch wellig wird. Treibt man mit dem Hammer die Keile vorsichtig in die Ecken, so öffnet sich der Gehrungsspalt des Rahmens. Der Keilrahmen wird etwas größer und das Maltuch ist wieder straff gespannt.

### Grundausstattung

Folgende Materialien und Hilfsmittel werden für die meisten Acrylbilder in diesem Band benötigt. Sie sind in den speziellen Materiallisten nicht mehr extra aufgeführt:

Transparent- und Kohlepapier

Knetgummi

Lineal

Schere

Wasserbehälter

Mischpalette

Mallappen

Acrylfirnis

### Tipps

Sie finden in diesem Buch zahlreiche Tipps, damit Ihnen das Malen von Blumen noch mehr Spaß macht und die Sie auf weitere Ideen bringen.

### Schwierigkeitsgrad

● ○ ○   einfaches Motiv

● ● ○   etwas schwierigeres Motiv

● ● ●   anspruchsvolles Motiv

### Pinsel & Co.

Meist wird Acrylfarbe mit Pinseln, Schwämmen, Walzen und Spachteln aufgetragen. Billige **Borstenpinsel** eignen sich dafür sehr gut. **Synthetikpinsel**, im Folgenden **Rund-haar- oder Flachhaarpinsel** genannt, erzeugen exaktere Linien. Achtung: Verzichten Sie unbedingt auf Marderhaar-pinsel, da das Acrylat in der Farbe diese verdirbt!

Metallspachtel

Colour shaper

Borstenflachpinsel

Flachhaarpinsel

Rundhaarpinsel

Katzenzungenhaarpinsel

Borstenrundpinsel

**Ganz wichtig: Pflegen Sie Ihre Pinsel gut, sie werden es Ihnen danken!** Streifen Sie die Farbe nach Gebrauch sofort etwas ab, wischen dann den Pinsel an einem Lappen ab und waschen Sie ihn aus. Die restliche Farbe lösen Sie mit Seife an und streichen sie von der Zwinge nach vorne hin aus.
Achtung: Wenn die Farbe erst einmal festgetrocknet ist, können Sie den Pinsel nur noch wegwerfen!

## Pinsel & Co. im Einsatz

Hier zeige ich Ihnen verschiedene Möglichkeiten, wie Sie Farbe auftragen können. Sie werden diesen Techniken im Folgenden immer wieder begegnen.

Mit dem Flachpinsel Farben verbinden.

In Trockenpinseltechnik wenig Farbe verteilen.

Farbe mit dem Rundpinsel vertupfen.

Mit dem Katzenzungenpinsel der Form folgend Spuren setzen.

Mit dem Colour shaper Farbe spachteln und modellieren.

Farbe aufspritzen.

Farbe mit einem Holzstiel (Bleistift oder Pinsel) herauskratzen.

Farbe verwalzen.

# Ackerwinde

Lange habe ich die hübschen, zarten Trichterblüten an den Ackerwinden in meinem Garten beobachtet, bis spontan dieses fröhliche Bild daraus entstanden ist.

**Schwierigkeitsgrad**
● ○ ○

**Motivhöhe**
70 cm

**Material**
Keilrahmen,
60 cm x 70 cm

Acrylfarbe in Pastell-gelb, Indischgelb, Mittelmagenta, Blau-violett und Maigrün

Ölpastellkreide
in Türkis

Borstenflachpinsel
Nr. 2 und 12

Schaumstoffwalze

**Vorlagenbogen A**

Besonders für kleinteilige Blattstrukturen eignet sich die hier gezeigte Ölpastelltechnik gut.

## Hilfreiche Ölpastellkreide

**1** Das Motiv mit weicher Ölpastellkreide übertragen.

**2** Auf der rechten Seite Maigrün, auf der linken Seite Indischgelb verwalzen. Wenn die Farben transparent sind, scheinen die Linien gut durch die Farbe.

**3** Sofort mit der Pinselrückseite einige Linien der Blüten und Blätter freikratzen.

**4** Pastellgelb mit lockerem Pinselstrich auftragen. Für die Feinheiten den Pinsel Nr. 2 benutzen. Blütenfarben auftragen. Zuletzt mit Indischgelb die Blütenmitten betonen.

**Bitte beachten Sie:**
▶ Für diese Arbeiten dürfen die beiden Farben Indischgelb und Maigrün transparent sein. Das erkennen Sie daran, dass das Quadrat auf der Verpackung nicht gefüllt ist!
▶ Mittelmagenta und Blauviolett müssen dagegen deckend sein! Benutzen Sie pastose Tuben-farben und beachten Sie das Quadrat auf den Tuben. Es sollte wenigstens halb gefüllt sein.

# Amaryllis

Jedes Jahr warten Tausende Blumenliebhaber und -liebhaberinnen auf die Blüte ihrer Amaryllis, die sich aus einer unscheinbaren dunklen Knolle entwickelt. Und jedes Jahr werden diese lilienähnliche Blüten, die u. a. in Südafrika zu Hause sind, wieder zu einem beliebten Malthema.

**Schwierigkeitsgrad**
● ● ○

**Motivhöhe**
80 cm

**Material**
Keilrahmen,
100 % Leinen,
30 cm x 80 cm

Acrylfarbe in Rosa,
Krapplack dunkel
und Maigrün

Borstenrundpinsel
Nr. 2

Borstenflachpinsel
Nr. 10 und 50

wasserfester Filzstift
in Schwarz

**Vorlagenbogen A**

**In Weiß wirkt diese Blüte auf einer Naturleinwand genauso prachtvoll!**

### Lockerer Pinselstrich über einer Zeichnung

**1** Die Amaryllis auf die Leinwand übertragen und mit dem Filzstift deutlich nachzeichnen.

**2** Die Blüte mit Krapplack dunkel füllen. Dabei in der Mitte beginnen und die Blätter locker überzeichnen. Mit dem breitem Flachpinsel rasch ein paar Spuren in Rosa rechts und link vom Stängel ziehen. Die Restfarbe an der oberen Bildkante abstreifen. Ebenso Maigrün über Stängel und Blätter setzen. Achtung: Die schwarzen Linien dürfen dabei nicht ganz zugemalt werden!

**3** Mit dem Rundpinsel in Rosa die Konturen der Blätter festlegen. Auch die grünen Blätter damit betonen. Der kleine Flachpinsel eignet sich dafür, ein paar trockene Spuren auf die gewölbten Blütenblätter zu setzen.

**4** Falls erforderlich können die Konturen nach dem Trocknen noch mal mit dem Filzstift nachgezogen werden.

 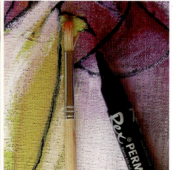

# Dahlie

Farbenfroh bevölkern Dahlien im Herbst die Gärten und Blumenfelder. Es gibt sie in unzähligen Varianten, als niedere oder hohe Büsche, gefüllt und ungefüllt. Ihr Farbspektrum reicht von Weiß über Gelb, Rosa bis zu dunkelroten Varianten. Vielfach sind sie auch zweifarbig. Die Dahlie, die mir als Vorbild diente, war eigentlich gelb-rosa. Ich habe sie jedoch in Dunkelrot gemalt.

**Schwierigkeitsgrad**
● ● ●

**Motivhöhe**
70 cm

**Material**
Keilrahmen,
100 cm x 70 cm

Acrylfarbe in
Ultramarin

Aqua-Acrylfarbe
in Weiß, Gelb, Rot,
Grün und Schwarz

Bleistift 6B

Rundhaarpinsel
Nr. 12

Borstenflachpinsel
Nr. 6

Schaumstoffwalze

Vorlagenbogen B

Statt Aqua-Acrylfarbe können Sie auch transparente Acrylfarbe verwenden. Möglicherweise müssen Sie dann Schwarz, Weiß und Gelb verdünnen!

**Mal transparent, mal deckend gemalt**

**1** Zuerst die Blüten mit Bleistift aufzeichnen.

**2** Rote Aqua-Acrylfarbe mit der Walze gleichmäßig über die gesamte Bildfläche verteilen.

**3** Während die Farbe noch feucht ist, die grünen Blätter und den Stängel anlegen und ausarbeiten. Dabei Grün zum Rot hinzumalen und mit schwarzen Linien abschließen. Ebenfalls mit schwarzen Lasuren die Blütenblätter trennen. Die gebogenen Blattteile mit Weiß und Gelb wie abgebildet herausarbeiten. Trocknen lassen.

**4** Beide Blüten komplett zweimal mit Ultramarin ummalen. Dazu den Flachpinsel verwenden.

**5** Zum Schluss mit einigen Tupfen Ultramarin die dunkelsten Stellen der Blüten betonen.

# Lilie

Hochstielige Blumen, die einzeln in Flaschen präsentiert werden, verschönern jedes Wohnambiente.
Ich habe mich bei diesem Motiv für weiße Lilien entschieden, die seit der Antike als Symbol für
Reinheit und Schönheit gelten. Wie die Amaryllis zieht sich auch die Lilie nach der Wachstumsperiode
zum Überwintern ein, um im Jahr darauf wieder in voller Blüte zu erstrahlen.

**Schwierigkeitsgrad**
● ● ○

**Motivhöhe**
70 cm

**Material**
Keilrahmen,
50 cm x 70 cm

Acrylfarbe in Weiß
und Paynesgrau

Katzenzungen-
haarpinsel Nr. 12

Pastellkreide in Grau

kleine Schaumstoff-
walze, 5-10 cm breit

Acryllack

**Vorlagenbogen B**

Auch eine einzelne Flasche auf einer schmalen hohen Leinwand sieht in dieser Technik sehr
edel aus!

### Ein Bild lediglich in zwei Farben!

**1** Den Keilrahmen zuerst mit der Schaumstoffwalze in Paynesgrau zweimal überwalzen. Trocknen
lassen.

**2** Die Vorzeichnung mit grauer Pastellkreide sichtbar übertragen.

**3** Weiß mit ein wenig Paynesgrau vermischen. Dann die Farbe mit der Schaumstoffwalze leicht
in Spuren auftragen. Dabei die Kanten der Flaschen aussparen und immer mehr Weiß dazugeben.

**4** Weiße Farbe auf Blütenblätter, Staubgefäße und Stängel in lockeren Spuren verteilen. Gut trocknen lassen.

**5** Zum Schluss mit Acryllack für zusätzliche Tiefe sorgen.

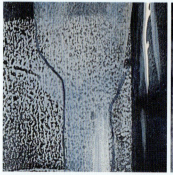 

# Lotosblume

Fernost liegt im Trend. Sowohl Bilder als auch Deko-Gegenstände bringen Freundlichkeit und Ruhe in unsere Räume. Probieren Sie es einfach mal aus. Ich bin sicher, die Lotosblume – analog zu unserer weißen Lilie das asiatische Sinnbild für Reinheit – wird ein Highlight an Ihrer Wand.

**Schwierigkeitsgrad**
● ● ●

**Motivhöhe**
50 cm

**Material**
Keilrahmen,
100 % Leinen,
60 cm x 50 cm

Acrylfarbe in Orange, Magenta und Gold

Aqua-Acrylfarbe, z. B. ein kleines Set Grundfarben in Weiß, Gelb, Rot, Blau, Grün und Schwarz

Rundhaarpinsel Nr. 2 und 12

Katzenzungenhaarpinsel Nr. 14

**Vorlagenbogen B**

Auch sehr transparente oder mit Wasser verdünnte Acrylfarben bringen ähnliche Effekte wie die Aqua-Acrylfarben!

### Kontraste durch transparente und deckende Farben

**1** Das Motiv auf die Leinwand übertragen. Die äußeren Blütenblätter mit Grün, Gelb und Blau lasieren. Blau bildet die Kanten, mit Rot ein paar feine Linien einzeichnen. Auch den Stängel in diesen Farben lasieren.

**2** Die inneren Blütenblätter mit Rot umranden. Linien ebenfalls in Rot einziehen.

**3** Blätterspitzen mit Weiß auslaufend lasieren. Mit Magenta die mittleren Blätter verstärken. Orangefarbene Spuren auf die kleinen inneren Blätter setzen.

**4** Den Hintergrund golden ausmalen. Dabei auf eine senkrechte Strichführung achten! Erneut Orange in Spuren auftragen und zwar auf der linken Seite kräftiger als rechts. Trocknen lassen.

**5** Leichte Lasuren von Magenta um die ganze Blüte setzen. Dieser Effekt lässt sie mystisch erstrahlen!

# Mohnblume

Roter Mohn, auch Klatschmohn genannt, ist immer wieder ein Hingucker und darf in keinem Buch über Blumenmalerei fehlen. Dabei braucht ein solches Bild nicht einmal groß zu sein, um zu wirken, wie Sie hier gut erkennen können.

**Schwierigkeitsgrad**
● ● ○

**Motivhöhe**
30 cm

**Material**
Keilrahmen,
100 % Leinen,
40 cm x 30 cm

Acrylfarbe in
Titanweiß, Neapel-
gelb, Indischgelb,
Zinnoberrot und
Permanentviolett

Flachhaarpinsel
Nr. 2 und 6

Acryllack

**Vorlagenbogen A**

**Acryllack oder Acrylbinder machen deckende Farben transparenter!**

### Effektvolle Schichttechnik

**1** Auf Naturleinen wirkt lasierende Farbe dunkler als auf weißem Grund. Diesen Effekt nutzen wir hier aus! Nach der sichtbaren Übertragung des Motivs mit einer Spur weißer Farbe auf den Blattwölbungen beginnen.

**2** Nach dem Trocknen wird die ganze Blüte zuerst mit roter Farbe lasiert und erhält dann sofort einen Auftrag in Permanentviolett in Dreiecksform wie abgebildet. Eine Spur Permanentviolett trennt die oberen von den unteren Blättern. Solange die Farbe noch feucht ist, Permanentviolett mit der Pinselrückseite für die Staubfäden einritzen und diese an ihren Enden rundherum mit Neapelgelb betupfen. Ebenfalls mit Neapelgelb die kugelige Mitte aufteilen. Achtung: Die Linien bleiben unbemalt!

**3** An den Blatträndern und Wölbungen ein wenig Indischgelb auflasieren, ebenso auf den unteren Teil der späteren Mohnkapsel im Mittelpunkt der Blüte.

**4** Weitere Schichten mit Zinnoberrot verstärken die satte Farbwirkung besonders der hinteren Blätter. Ein paar trockene Pinselstriche in Neapelgelb und Titanweiß erhöhen das linke Blatt.

**5** Zum Schluss verstärkt eine Lasur mit Acryllack die Farbtiefe.

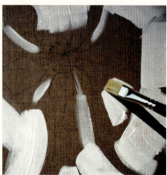

# Orchidee

Die so beliebten Orchideen mal ganz anders! Für dieses Bild brauchen Sie keinen grünen Daumen, sondern lediglich eine ruhige Hand. Holen Sie sich mit den wunderschönen Blüten fernöstlichen Charme in Ihre Wohnung. Quadrat und Kreis bilden einen super Blickfang.

## Schwierigkeitsgrad
● ○ ○

## Motivhöhe
50 cm

Keilrahmen,
50 cm x 50 cm

Acrylfarbe in Weiß,
Indischgelb, Apricot,
Hellgrau und Braun

Borstenflachpinsel
Nr. 6

Borstenrundpinsel
Nr. 2

Schaumstoffwalze

## Vorlagenbogen B

Fernöstliche „Zutaten" wie Räucherstäbchen, Lämpchen oder Buddhastatuen sorgen für ein ein exotisches Ambiente.

### Eindrucksvolle Kontraste schaffen

**1** Den Keilrahmen in Hellgrau bewalzen und trocknen lassen.

**2** Die Vorzeichnung fein übertragen.

**3** Kreis in Apricot bemalen und zwar immer rundherum! Trocknen lassen.

**4** Blütenblätter an der hellsten Stelle beginnend der Form folgend in Trockenpinseltechnik ausmalen. An erhabenen Stellen kann zusätzlich nochmals etwas Weiß aufgetragen werden. Für die Stängel am besten den Rundpinsel verwenden.

**5** Gelbe Blütenmitten, Stängelverfärbungen und Schatten unter die Blüten setzen und zuletzt die braunen Muster wie abgebildet mit dem Rundpinsel auftragen.

# Pfingstrose

Oft gelingt einem zwar eine lockere Zeichnung, diese lässt sich aber meist nicht so leicht in ein Acrylbild

umsetzen. Ich zeige Ihnen hier eine ganz einfache Methode, mit der Ihnen das in Zukunft sicherlich gelingt.

Sie brauchen lediglich einen Kopierer dafür!

**Schwierigkeitsgrad**
● ○ ○

**Motivhöhe**
60 cm

**Material**
Keilrahmen,
30 cm x 60 cm

Geschenk- oder anderes
Schmuckpapier, hell

Acrylfarbe in Kupfer

Schaumstoffwalze

Acrylbinder

**Vorlagenbogen A**

Häufig können Sie auch mit einem Faxgerät oder Scanner Fotokopien erstellen!

**Der Kopierer als Arbeitsmittel**

1  Die Zeichnung auf das gewählte Papier in DIN-A4-Größe kopieren. Die Ränder oben und unten
wie abgebildet abreißen, dabei das obere Blatt eher quadratisch, das untere eher rechteckig gestalten.

2  Leinwand mit der Schaumstoffwalze in Kupfer grundieren. Achtung: Die Walze anschließend
sofort auswaschen!

3  Nach dem Trocknen die beiden Blätter mit Acrylbinder rückseitig einstreichen und mit der Walze
festwalzen.

4  Die kupferfarbenen Spuren aufspritzen. Dazu unbedingt eine Spritzflasche verwenden. Die Farbe
kann auch in eine leere Flasche mit Spritzdüse umgefüllt werden. Beim Auflegen der Farbspuren
kommt es nicht auf genaues Nachzeichnen an. Wichtig ist nur, dass die Farbspur locker darüberliegt.

 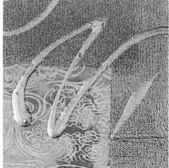

## „NENNEN SIE EINE BLUME!"

Wahrscheinlich haben Sie gleich an die „Königin der Blumen", die Rose, gedacht. In vielen Kulturen spielen Rosen seit alters her eine bedeutende Rolle und begeistern Menschen weltweit. Zahlreiche Rosenbüsche berauschen uns mit ihrem Duft. Doch so prachtvoll sie aussehen, so schwierig sind sie in Bilder umzusetzen. Typisch sind ihre gedrehten Blätter und der Aufbau auf fünf Blütenblättern, wie wir sie bei den Wildrosen noch erkennen können.

Ich habe für Sie diese prachtvoll gefüllten weißen Buschrosen gewählt und das Bild ganz bewusst „Summerdream" genannt.

# Rose

**Schwierigkeitsgrad**
● ● ●

**Motivhöhe**
80 cm

**Material**
Keilrahmen,
80 cm x 80 cm

Acrylfarbe in Weiß,
Indischgelb, Karmin-
rot und Cyanblau

Bleistift 6B

Borstenrundpinsel
Nr. 2

Flachhaarpinsel
Nr. 14

Schaumstoffwalze

Acryllack

**Vorlagenbogen B**

### Transparenz durch Farbe

**1** Zuerst Kleckse der stark verdünnten Farben Cyanblau, Karminrot und Indischgelb von außen nach innen der Reihenfolge nach wie abgebildet auf der Leinwand verteilen. Das bedeutet, dass Blau eher am Rand und Gelb hinter der Blütenmitte ist. Die Kleckse dann großzügig verwalzen, bis ein mehrfarbiger Hintergrund entsteht. Trocknen lassen.

**2** Mit dem Bleistift die Blütenblätter sichtbar übertragen. Dabei auch die Schrift festlegen.

**3** Nun Blatt für Blatt in Wuchsrichtung bemalen. Mit Weiß jeweils dort beginnen, wo das Blatt am hellsten ist. Dann den Strich auslaufen lassen.

**4** Die Staubfäden mit Indischgelb einsetzen und mit ein paar Tupfen Karminrot abschließen.

**5** Schrift mit der schmalen Pinselseite auslaufend schreiben. Trocknen lassen.

**6** Abschließend die transparente Wirkung der Blüten durch eine Schicht Acryllack unterstützen.

Da sind sie, die ungekrönten Stars des Sommers! Wenn Sie etwas Geduld mitbringen, gelingt Ihnen dieses stimmungsvolle Bild, um das Sie bestimmt so mancher beneiden wird.

# Sonnenhut 1

Als Staudenpflanze bevölkert der Sonnenhut fast jeden Blumengarten. Seine brauen Blütenmitten fallen allen sofort ins Auge und sind für dieses Bild zum Thema geworden.

**Schwierigkeitsgrad**
● ◐ ◐

**Motivhöhe**
60 cm

**Material**
Keilrahmen,
60 cm x 60 cm

Acrylfarbe in Gold-
ocker, Kadmiumgelb,
Mint, Himmelblau,
Umbra gebrannt und
Saftgrün

Borstenflachpinsel
Nr. 4, 10 und 18

Borstenrundpinsel
Nr. 2

**Vorlagenbogen B**

Auch andere Stauden lassen sich auf diese Weise vereinfacht darstellen.

**Grafisch angeordnete Blütenpracht**

1  Als Erstes den Keilrahmen mit Mint grundieren. Mit dem Pinselstiel Blatt und Blütenstrukturen einritzen. Trocknen lassen.

2  Jetzt die Einteilung der Leinwand aufzeichnen. Pinselspuren in Umbra gebrannt über die Linien ziehen. Die Seitenkanten ebenfalls braun bemalen. Himmelblau sofort von innen nach außen in die entstandenen Fächer pinseln, sodass sich die Farbe an den Rändern leicht mit dem noch feuchten Braun verbindet.

3  Nach dem Trocknen Blüten und Blätter vorsichtig anzeichnen. Mit lockeren Strichen Blüten und Blütenblätter in Goldocker malen. Dabei einige deutlich mit Kadmiumgelb erhöhen. Blüten-körbchen in Umbra gebrannt mit dem Rundpinsel auftragen. Blätter in Saftgrün mit auslaufendem Strich malen.

4  Schließlich etwas Kadmiumgelb über die Kanten des Keilrahmens streifen und einige Blüten-mitten damit betupfen.

# Sonnenhut 2

Lassen Sie sich von der Größe dieses Bildes nicht schrecken. Schritt für Schritt können Sie es methodisch ohne Probleme erarbeiten. Der „Prächtige Sonnenhut" schmückt dann auch eine große Wand.

**Schwierigkeitsgrad**
● ● ○

**Motivhöhe**
80 cm

**Material**
Keilrahmen,
100 cm x 80 cm

Acrylfarbe in Weiß,
Indischgelb, Apricot,
Himmelblau, Mint,
Farn und Dunkel-
braun

Borstenflachpinsel
Nr. 11 und 50

**Vorlagenbogen A**

Falls das eine oder andere Ihrer Bilder zu steif erscheint, überarbeiten Sie es mal mit einem breiten Flachpinsel in Trockenpinseltechnik!

### Kleine Blume ganz groß

**1** Den Keilrahmen mit dem breitem Pinsel rasch in Dunkelbraun grundieren. Die Pinselstriche bilden dabei ein interessantes Muster. Erhabene und glatte Stellen sind ausdrücklich erwünscht!

**2** Das Motiv auf die Leinwand übertragen.

**3** Die linke Ecke oben mit der Farbe Himmelblau, die rechte Ecke oben sowie die kleine Fläche rechts und links unten mit Mint, die rechte Ecke unten farnfarben ausfüllen. Dabei ca. 6 mm Abstand zwischen den Feldern lassen.

**4** Nach dem Trocknen die Farbflächen in Trockenpinseltechnik brechen. Die fünf Eckfelder jeweils mit Farbspuren des Nachbarfeldes sowie mit Weiß rasch überpinseln. Dazu die Farben sehr leicht und trocken aufsetzen. Die Ränder ebenfalls überziehen.

**5** In die Blütenblätter und in den Stängel Spuren von Weiß, Indischgelb und Himmelblau setzen.

**6** Zum Schluss die Blütenmitte mit dunkelbraunen, hellblauen, gelben und weißen Spuren gestalten.

# Stockrose

Wenn Sie – so wie ich – auf dem Land leben, sind Ihnen bestimmt die wunderschönen Stockrosen in den bunten Bauerngärten schon einmal aufgefallen. Sie waren der Auslöser zu diesem dekorativen Bild.

**Schwierigkeitsgrad**
● ● ●

**Motivhöhe**
80 cm

**Material**
Keilrahmen,
60 cm x 80 cm

Acrylfarbe in Neapelgelb, Beige, Rosa, Grüne Erde, Maigrün und Schwarz

Pastellkreide in Grün

Katzenzungenhaarpinsel Nr. 14

Schaumstoffwalze

**Vorlagenbogen A**

Stockrosen, auch Stockmalven genannt, blühen in verschiedenen Farbtönen. Ausgesprochen lohnend ist die Gestaltung dieses Motivs alternativ in Weiß oder Dunkelrot.

### Zusammengesetzte Farbflächen

**1** Den Keilrahmen zweimal mit Dunkelgrün (gemischt aus Grüne Erde und wenig Schwarz) bewalzen. Jeweils die Schichten trocknen lassen.

**2** Das Motiv mit grüner Pastellkreide übertragen, sodass die Flächen erkennbar werden.

**3** Die Blüten mit Rosa von innen nach außen bemalen. Die Pinselstriche dürfen sichtbar bleiben. Die Blütenstempel in Beige tupfen. Beim Ausmalen einen Abstand der Farbflächen von ca. 3 mm einhalten.

**4** Maigrün um die Blütenmitte setzen. Neapelgelb am Blütenstempel und am oberen Teil der Blüten aufbringen.

**5** Mit Maigrün Blütenknospen, Blattrippen und Stängel anlegen. Für die Blätter Grüne Erde mit Maigrün und ein wenig Neapelgelb mischen.

**6** Den Hintergrund im unteren Bildteil mit einer dunkleren Mischung ausmalen. Die Lücken oben mit einer Mischung aus Maigrün und Neapelgelb füllen.

# Tulpe 1

Diese Blumen sind ein Dauerbrenner bei allen Malern! Hier zeige ich Ihnen eine verblüffend einfache Variante,

wie Sie Tulpen mal ganz anders darstellen können. Das Ergebnis ist nicht nur sehr dekorativ, sondern auch in

null Komma nichts erzielt.

**Schwierigkeits-
grad**

● ○ ○

**Motivhöhe**
60 cm

**Vorlagen-
bogen B**

**Material**
Keilrahmen,
80 cm x 60 cm

Acrylfarbe in Kad-
miumrot dunkel

Elfenbein-Struktur-
farbe Extra Heavy
Body

Restfarben oder
farbig bemalter Keil-
rahmen

Marker in Rot oder
Grün

Colour shaper,
ca. 5 cm breit

Extra Heavy Body Farben gibt es in
vielen Farbtönen. Sie eignen sich gut
für große Flächen.

### Pastose Farbe spachteln

**1** Erst wenn die Farbe trocken ist, die Linien
übertragen. Bei diesem Motiv bietet es sich
allerdings an, frei zu arbeiten (siehe Schritt 2).
Dann kann man auf die Vorzeichnung pro-
blemlos verzichten.

**2** Mit dem Colour shaper die pastose Farbe
aufspachteln. Wer frei arbeitet, bespachtelt
die Fläche komplett in kurzer Zeit und ritzt
sofort Stängel in die feuchte Farbe. Außerdem
werden die Blüten so herausgekratzt, dass der
Untergrund durchschimmert. Wenn man mit
einer Vorzeichnung arbeitet, orientiert man
sich mit dem Colour shaper an den Linien, die
dann nochmals nachgezogen werden.

**3** Zuletzt Kadmiumrot dunkel als Farbtupfer
in einige ausgewählte Blüten spachteln.

# Tulpe 2

Selbst als Silhouette ist eine Tulpe noch als solche zu erkennen. Ein Bild, das kompliziert aussieht, es aber nicht ist! Versuchen Sie es einfach. Das Ergebnis wird Sie begeistern. Natürlich können Sie auch eine andere Farbkombination passend zu Ihrem Wohnraumambiente wählen.

**Schwierigkeitsgrad**
● ● ○

**Motivhöhe**
25 cm

**Material**
2 Keilrahmen,
25 cm x 25 cm

Acrylfarbe in Rosa, Kadmiumorange und Permanentrotviolett

transparenter Dekostoff mit Muster oder Vorhangstoff

Borstenrundpinsel
Nr. 2 und 20

Rundhaarpinsel
Nr. 12

Schaumstoffwalze

**Vorlagenbogen B**

Mit Drucktechniken können Sie ganz einfach aktuelle Dekomuster in Ihre Bilder einarbeiten.

### Kreative Drucktechnik mit der Walze

**1** Zwei Stücke Dekostoff etwas größer als 25 cm x 25 cm zuschneiden. Die beiden Stoffstücke auf eine Pappunterlage legen und auf der erhabenen Seite mit Permanentrotviolett bestreichen. Anschließend sofort mit der eingefärbten Seite auf die Keilrahmen legen. Von hinten mit der Walze festdrücken und wieder abziehen.

**2** Wenn die Farbe fast trocken ist, mit gut ausgewaschener und ausgedrückter Walze nochmals darüber walzen. Es entstehen Negativeffekte. Bei einem der beiden Keilrahmen noch etwas Kadmiumorange dazugeben. Trocknen lassen.

**3** Jetzt mit feiner Linie das Motiv übertragen, dazu den orangefarbenen Keilrahmen links anordnen.

**4** Die Tulpen wie abgebildet mit dem Rundpinsel in Rosa und Permanentrotviolett bemalen.

**5** Die Ecken links oben und rechts unten sowie die Zwischenräume in der Mitte mit Kadmiumorange lasieren.

# Wiesenbärenklau

Im Sommer sind manche Wiesen mit den charakteristischen weißen Dolden des Wiesenbärenklaus geradezu übersät. Passend zum reduzierten Wohnstil schmücken die drei quadratischen Bilder auch kleine Wandflächen.

**Schwierigkeitsgrad**
● ○ ○

**Motivhöhe**
120 cm

**Material**
3 Keilrahmen,
40 cm x 40 cm

Acrylfarbe in Beige,
Grau, Steingrau und
Dunkelbraun

evtl. Spritzflasche, falls
die beige Acrylfarbe
nicht ohnehin in einer
Flasche ist

Schaumstoffwalze

**Vorlagenbogen A**

Auch einzeln kommen diese Bilder sehr schön zur Geltung. Sie sind schnell gemacht und eignen sich gut als Geschenk wie beispielsweise zum Einzug ins neue Heim.

### Effektive Spritztechnik

**1** Die Keilrahmen jeweils mit einer Farbe bewalzen. Dabei den Farbauftrag mindestens einmal wiederholen, damit die Farbe gut abdeckt.

**2** Linien auf die Quadrate übertragen oder frei vorzeichnen.

**3** Die beigen Linien von unten nach oben wachsen lassen. Dabei mit der Spitze der Farbflasche möglichst senkrecht und nah an der Leinwand bleiben. Die Dolden immer in der Mitte beginnen und an der Spitze Punkte rundherum setzen. Wichtig: Unbedingt einen Lappen bereithalten, um eventuelle Farbspritzer gleich wieder abzuwischen! Schlieren können nach dem Trocknen mit der jeweiligen Farbe abgedeckt werden.

# RUNDUM DEKORATIV

Zierlauch eignet sich vorzüglich als stilvolle Wohnraumdeko. Als Kunstblume oder als getrocknete Blüte kann er immer wieder neu arrangiert werden. Auch die drei Keilrahmen lassen sich je nach Lust und Laune von Zeit zu Zeit variieren.

# Zierlauch

Dreiteilige Motive lassen sich immer wieder neu kombinieren und entsprechen so dem individuellen Wohn-gefühl von heute. Der Sternkugel-Lauch, den es in verschiedenen Farben gibt, eignet sich dafür besonders gut.

**Schwierigkeitsgrad**
● ○ ○

**Motivhöhe**
50 cm

**Material**
3 Keilrahmen,
100 % Leinen,
20 cm x 50 cm

Acrylfarbe in Titanweiß,
Beige, Magenta, Mauve,
Violett, Grüne Erde und
Maigrün

dünne Pappe

Cutter

Borstenrundpinsel
Nr. 2 und 20

Borstenflachpinsel
Nr. 50

**Vorlagenbogen A**

Sowohl im Treppenhaus als auch an einer gewölbten Wand lassen sich diese schmalen Bilder gut versetzt hängen.

### Leichtes Arbeiten mit einer Schablone

**1** Aus Pappe eine kreisrunde Schablone mit dreieckigen Kerben am Rand schneiden. Diese Schablone wie abgebildet in unterschiedlicher Höhe auflegen und mit dem Rundpinsel Farbe hineintupfen. Jeweils mit der dunkelsten Farbe beginnen und zum Lichtpunkt Titanweiß hinzu-geben.

**2** Nach dem Trocknen reines Titanweiß auf die Lichtpunkte tupfen und Maigrün sowie im Schattenbereich dunkles Grün hinzugeben.

**3** Die Stängel mit Beige und beiden Grüntönen auslaufend malen.

**4** Zum Schluss mit dem Flachpinsel von Beige über Dunkelgrün bis Hellgrün trockene Pinsel-spuren vom oberen und unteren Rand aus wie abgebildet übereinandermalen. An den Kanten ebenso verfahren.

# Zweiteiler

Langstielige Blumen sind für solche schlanken Keilrahmen genau die richtige Wahl. Einzeln oder als Galerie auf einer größeren Wand bringen sie im Handumdrehen Farbe in Ihre Wohnung.

**Schwierigkeitsgrad**
● ● ○

**Motivhöhe**
100 cm

**Material**
2 Keilrahmen,
20 cm x 100 cm

Acrylfarbe in Weiß, Kadmiumgelb, Indischgelb, Zinnoberrot, Kadmiumrot, Siena natur, Dunkelbraun und Chromgrün hell

Bleistift 6B

Borstenrundpinsel Nr. 2 und 6

Flachhaarpinsel Nr. 14

**Vorlagenbogen B**

Diese Motive wirken auch toll in einem sehr großen Format, zum Beispiel 50 cm x 160 cm. Sie können die beiden Rahmen alternativ dann entweder auf den Boden stellen oder an die Wand lehnen.

## Blumen im Hochformat

**1** Zuerst die Vorzeichnung der beiden Blumen mit dem Bleistift erstellen.

**2** Für die Sonnenblume die Blütenblätter mit Kadmiumgelb in Wuchsrichtung malen und den Ansatz mit Indischgelb verstärken. Dann mit Siena natur die Blätter etwas trennen. Die Blütenmitte mit dem Rundpinsel in Dunkelbraun stupfen. Die Mitte malen und mit der Pinselrückseite einritzen.

**3** Für die Gladiole die Blütenblätter in Zinnoberrot ausmalen. Anschließend gleich durch Ritzen die Blätter trennen. Die Blütenmitte und die Staubfäden mit Kadmiumrot einsetzen.

**4** Die Blätterfarbe der Gladiole aus Chromgrün hell und etwas Dunkelbraun mischen, locker auftragen und mit der Pinselrückseite Blattadern einritzen. Die Stängel etwas bräunlicher malen.

**5** Chromgrün hell mit Zinnoberrot brechen und die Blätter mit langen Linien malen. Dabei den Pinsel abwechselnd in Rot und Grün eintauchen, um die Farbe quasi im Pinsel zu mischen. So wirken die Blätter lebendig.

**6** Nun beide Blüten weiß ummalen. Auch hier wirkt es lebendiger, wenn das Weiß etwas Farbe von den Blumen mitnimmt. Zum Schluss mit wenig Weiß den Blütenrand und die Blattrippen der Sonnenblume sowie die Staubfäden der Gladiole betonen.

**MONIKA REITER-ZINNAU,** Diplom-Designerin, studierte an der Fachhochschule für Gestaltung in Schwäbisch Gmünd. Als Produktdesignerin war sie anschließend für verschiedene Firmen in freier Mitarbeit tätig. Seit über 20 Jahren arbeitet sie als Kursleiterin für unterschiedliche Institutionen der Erwachsenenbildung und vermittelt ihren Schülern alles Wissenswerte über die Aquarell- und Acrylmalerei sowie das Zeichnen. Ihre Bilder sind jedes Jahr in verschiedenen Ausstellungen in Galerien und Kunstkreisen zu sehen. Im frechverlag hat sie bereits zahlreiche Bücher zur Aquarell- und Acrylmalerei sowie zum Zeichnen veröffentlicht.

Unter www.reitermonika.de erfahren Sie aktuelle Kurs- und Ausstellungstermine.

## Buchtipps

ISBN 978-37724-5028-0

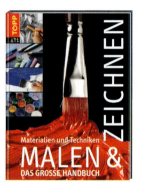

ISBN 978-37724-6061-6

ISBN 978-37724-6263-4

Hilfestellung zu allen Fragen, die Materialien und Bücher betreffen: Frau Erika Noll berät Sie. Rufen Sie an: 05052/911858*

*normale Telefongebühren

REDAKTION UND LEKTORAT: Petra-Marion Niethammer
LAYOUT: Petra Theilfarth

FOTOS: frechverlag GmbH, 70499 Stuttgart; lichtpunkt, Michael Ruder, Stuttgart (Cover); Schrittfotos: Monika Reiter-Zinnau; fotolia (Seite 42); b.z. foto-design, Bernhard Zinnau, Weinheim (restliche Fotos)

DRUCK UND BINDUNG: Finidr s.r.o., Cesky Tesin, Tschechische Republik

Auflage: 5.     4.     3.     2.     1.
Jahr:      2012   2011   2010   2009   2008   [Letzte Zahlen maßgebend]

ISBN 978-3-7724-5296-3
Best.-Nr. 5296

© 2008 **frechverlag** GmbH, 70499 Stuttgart